세상을 바꾸는 **아름다운 부자 이야기 09**

르네상스를 이끈
메디치 사람들

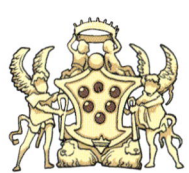

세상을 바꾸는 아름다운 부자 이야기 09
르네상스를 이끈 메디치 사람들

기획 · 손영운
글 · 김영훈
그림 · 정윤채

펴낸이 · 조승식
편집 · 박진희, 조슬지, 이수정, 박예슬, 이경남
제작 · 이승한
마케팅 · 김동준, 변재식, 임종우, 이상기
관리 · 박종환, 손선영
펴낸곳 · BH balance & harmony
등록 · 제22-457호
주소 · 01043 서울 강북구 한천로 153길 17
홈페이지 · www.bookshill.com
전자우편 · bookshill@bookshill.com
전화 · (02)994-0071
팩스 · (02)994-0073

2019년 8월 10일 1판 1쇄 발행
2020년 3월 15일 1판 2쇄 발행

값 12,000원
ISBN 979-11-5971-143-5
    978-89-5526-936-9(세트)

BH balance & harmony는 (주)도서출판 북스힐의 그래픽노블 임프린트입니다.
* 잘못된 책은 구입하신 서점에서 바꿔 드립니다.
이 책의 수익금 일부는 어려운 이웃을 돕는 단체에 기부됩니다.

르네상스를 이끈
메디치 사람들

기획 손영운
글 김영훈 | 그림 정윤채

BH balance harmony

기획자 글

멋진 부자가 되기를 바라며

우리는 부자를 꿈꿉니다. 좋은 동네에 있는 으리으리한 집에서, 남들이 부러워하는 멋진 차를 타고, 또 원하는 명품은 뭐든 살 수 있는 돈 많은 부자가 되었으면 좋겠습니다. 그래서 돈 많이 버는 직업을 갖고 싶고, 유명한 사람이 되었으면 좋겠고, 하는 일은 무엇이든 '대박'이 터졌으면 좋겠습니다.

그런데 이런 우리의 생각을 뛰어넘어 '더 멋진 삶'을 사는 부자들이 있습니다. 그들은 내가 가진 것으로 우리 가족 몇 명이 아니라 세상의 아주 많은 사람들을 행복하게 할 수 있다고 믿는 사람들입니다. 대표적인 사람이 빌 게이츠입니다.

빌 게이츠는 먼저 자신이 하는 일을 이용해서 학교와 도서관에 컴퓨터를 무료로 나누어 주었습니다. 그리고 아프리카 어린이들이, 손쉽게 구할 수 있는 약을 구하지 못해 속수무책으로 죽어 가는 것을 본 후에는 그 아이들을 위해 엄청난 돈을 내놓았습니다. 덕분에 아프리카 아이들이 목숨을 건지고 미래를 꿈꿀 수 있게 되었습니다. 그는 1994년 한 잡지사와의 인터뷰에서, 많은 재산을 자녀들에게 남기는 것은 정신 건강에 해롭다면서, 번 돈의 95%를 사회에 내놓겠다고 약속하기도 했습니다. 한 사람의 부자가 어떤 마음을 먹느냐에 따라 아주 많은 사람들의 삶이 바뀌고, 진정한 부자란 이렇게 멋지게 세상에 영향을 끼치는 사람이구나 하고 전 세계가 놀라고 감동했습니다.

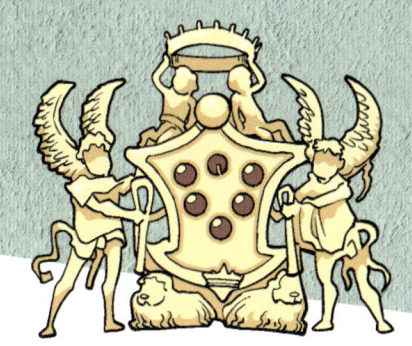

　"세상을 바꾸는 아름다운 부자 이야기"는 우리가 본받고 싶은 '진짜' 부자들의 삶을 그린 만화입니다. 그들이 꿈을 이루기 위해 어떻게 어려움을 이겨내고 또 어떤 노력을 기울였는지를 볼 수 있습니다. 그리고 부자가 되는 것도 힘들지만, 피땀 흘려 번 돈을 사회나 이웃을 위해 쓰기는 더더욱 어려운 일입니다. 우리는 그들이 왜 힘들게 번 돈을 다른 사람을 위해 아낌없이 내놓았는지, 각 사람의 이유도 들을 수 있습니다.

　석유왕 록펠러는 이런 말을 했습니다. "나는 신으로부터 돈을 벌 수 있는 재능을 받았기 때문에 돈을 버는 것은 내 의무이며, 더 많은 돈을 주위 사람들에게 양심이 시키는 대로 써야 한다."

　이 책을 읽는 여러분도 꿈을 꾸고 그것을 이루기 위해 꾸준히 노력할 수 있다면, 이미 부자가 될 수 있는 재능을 받은 것이라고 저는 믿습니다. 그런 여러분이 이 책의 주인공들처럼 열심히 살며 주위 사람들에게 양심이 명하는 대로 나눌 수 있는 진짜 멋진 부자가 되기를 바라 봅니다.

기획자 손영운

★ 이 책의 이야기는 사실을 바탕으로 각색되었음을 밝힙니다.

차례

첫 번째 이야기 ...8
르네상스를 이끈 위대한 가문!

두 번째 이야기 ...28
부자 가문이 가야 할 길!

세 번째 이야기 ...48
은행업으로 성장하다!

네 번째 이야기 ...66
가문을 일으킨 조반니 디 비치!

다섯 번째 이야기 ...86
진정한 지배자의 힘!

여섯 번째 이야기 ...106
피렌체의 아버지라 불린 코시모 데 메디치

일곱 번째 이야기 ...126
로렌초 디 피에로의 명예와 의무!

여덟 번째 이야기 ...146
르네상스의 고향, 피렌체!

아홉 번째 이야기 ...166
꺼지지 않는 메디치의 불빛!

열 번째 이야기 ...188
메디치가의 업적과 영향!

- 되짚어 보고 생각해 보고 ...208
- 대한민국의 르네상스, 한류! ...210

첫 번째 이야기

르네상스를 이끈 위대한 가문!

1489년, 이탈리아 피렌체의 산마르코 수도원

대단한 조각이군!

예술 작품이라 말해도 손색이 없죠?

아니,

그렇지는 않네! 그저 돌을 잘 깎아 놓은 조각에 불과하니까.

로렌초 디 피에로 데 메디치(Lorenzo di Piero de' Medici, 1449~1492)
1400년대 이탈리아 최고의 정치가이자 시인. 1469년부터 1492년까지 피렌체를 다스린 르네상스의 가장 큰 후원자로서, 피렌체와 메디치 가문의 전성기를 이룩었다 하여 "위대한 로렌초"로 불렸다. 그는 고대 그리스와 로마의 조각품들을 수집하여 자신이 지은 산마르코 수도원의 정원을 장식했는데, 1473년에 지어진 이 정원은 최초의 미술 대학으로서, 정원의 책임자가 재능을 인정한 예술가 지망생들만이 다닐 수 있었다.

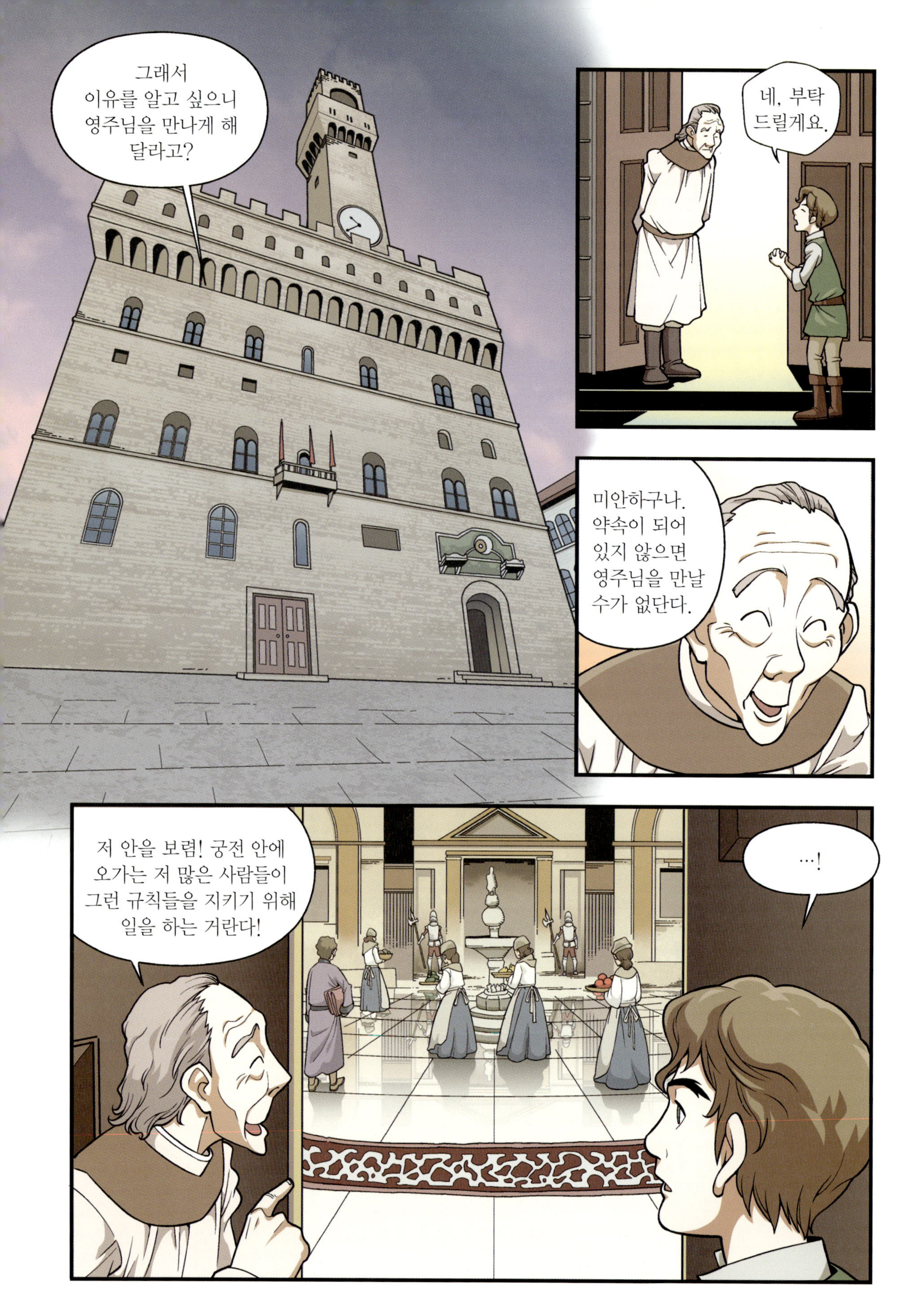

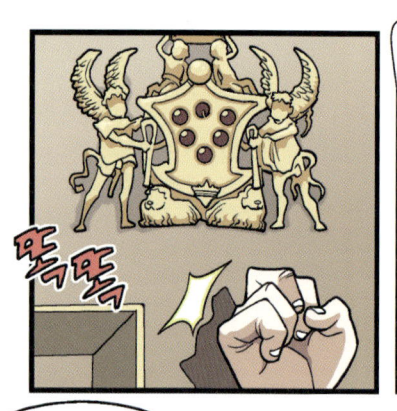

목신 판(Pan)
그리스 신화에 나오는, 산·숲·들판, 목양(목축)의 신이다. 장난을 무척 좋아해서, 밤이면 어두운 숲에서 소리를 질러 사람들을 두려움에 떨게 한다고 한다. 목신의 갑작스런 장난으로, 공포에 휩싸이며 정신이 혼란스러워지는 상태를 패닉(panic)이라고 하는데, 이것은 목신의 이름 판(Pan)에서 나왔다. 목신 판은, 상체는 인간이고 하체는 염소의 모습이며, 이마에는 염소 뿔이 달렸다.

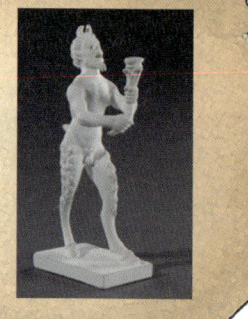

*〈목신과 각배〉(귀스타브 모로, 1800년대 작품)

"공작님 양자로요?"

"그래. 아무 걱정 없이 창작만 할 수 있도록 해 주고 싶어. 조건 없이 말이야!"

메디치 가문의 양자가 된 소년은 최고의 선생님들에게서 교육을 받게 되었다.

"인사드려라. 앞으로 너를 가르칠 스승님들이시다."

플라톤의 전집을 라틴 어로 번역하며 신플라톤 사상을 이끈 마르실리오 피치노!

피렌체 대학의 이름난 교수이자 메디치 가문의 가정교사인 안젤로 폴리치아노!

그리고 모든 사상을 통합하고자 했던 개방적인 사상가 조반니 피코 델라 미란돌라!

훗날 조각, 회화, 건축이라는 조형 예술의 3대 갈래를 대표하는 걸작을 남기며, 이탈리아의 천재 예술가로 세계적인 명성을 남긴 이 소년은 바로 미켈란젤로 부오나로티였다.

*미켈란젤로의 〈천지창조〉 중 '아담의 창조'(바티칸 시스티나 예배당 천장에 그린 그림, 1511~1512)

두 번째 이야기
부자 가문이 가야 할 길!

1300년대에 이탈리아는 지금과 같은 하나의 나라가 아니라, 시민을 대표하는 사람들이 다스리는 여러 도시 국가들로 이루어져 있었는데, 이러한 시민 자치 도시국을 '코무네'라고 한다.

코무네(comune)로 불리던 주요 도시 국가들.

코무네는 시민들이 뽑은 대표자가 나라를 다스리는 민주적인 방식으로 운영되었고, 이러한 제도를 '시뇨리아'라고 한다.

시뇨리아에 따라 대표가 된 9명의 시민들은 '프리오리'라 하였고, 이들은 정부 회의를 만들어서 나라의 중요한 문제를 의논하고 결정하였다.

프리오리가 된 9명은 정부 청사, 즉 시뇨리아 궁에서 두 달을 머물며 도시 공화국에 필요한 법과 제도를 만들어 내었다. 1300년대의 이탈리아는 지금처럼 하나의 나라가 아니라 여러 '코무네'로 이루어져 있었다.

프리오리 중 한 명을, 공화국의 우두머리인 행정관, 즉 '곤팔로니에레'로 뽑았다.

새로운 행정관으로 살베스트로 데 메디치가 뽑혔음을 알립니다!

도시 공화국에서 최고의 자리인 곤팔로니에레는 대부분 귀족이나 부유한 상인 가문에서 뽑혔다.

이탈리아의 도시 자치국 코무네

1300년대 이탈리아는 남과 북이 서로 다른 형태로 지배되고 있었다. 남쪽에 있는 나라들은 로마 교황의 영향력 아래에 있지만 실제로는 정부가 없는 혼란스러운 상태였고, 북쪽은 대부분 귀족 가문이 다스리고 있었다. 하지만 북쪽 또한 밀라노 왕국의 경우에는 비스콘티 공작이 독재를 하고 있었고, 나폴리와 시칠리아 왕국은 귀족 가문들이 권력을 두고 싸우고 있었다. 그리고 베네치아 공화국 역시 여러 귀족 가문이 정치를 간섭하는 어지러운 상태였다. 그러나 피렌체 공화국은 세계 최초의 현대 국가라 할 수 있을 만큼 민주 정부가 나라를 안정되게 다스리고 있었고, 피렌체의 시민들은 이를 무척 자랑스럽게 여겼다.

메디치가의 유래
메디치가는 이탈리아 피렌체 북쪽의 농업 지방인 무겔로에서 모직물 무역으로 성장한 가문으로 기록되어 있다. '메디치'는 이탈리아 어로 '의사'를 뜻하지만 조상들이 의약과 관련된 일을 했다는 기록은 없다.

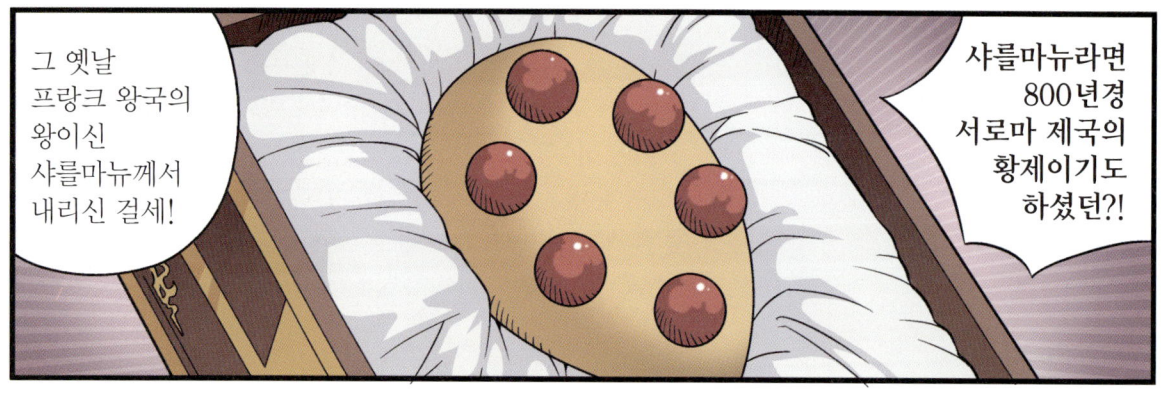

*문장의 유래

문장은 중세 유럽 사회에서 신분을 나타내는 표시였다. 원래는 전쟁에 참가한 기사들의 방패를 장식하던 것으로, 그 장식을 보고 그 사람이 어느 영주에게 속한 기사였는지를 알 수 있었다. 중세 유럽에서는 익히기 어려운 라틴 어를 사용했기 때문에 몇몇 귀족과 성직자를 빼고는 대부분의 사람이 글을 알지 못했고, 이 때문에 쉽게 어디 사람인지를 알아볼 수 있도록 그림을 사용했던 것이다. 문장은 땅을 가진 지주 계급들만 만들 수 있어서, 봉건 사회에서는 부와 권력의 상징이었다.

중세의 여러 문장.

*문장의 특징

메디치가의 문장.

문장은 원래 전체 가문을 대표하는 것이 아니라 한 가족을 나타내던 것이었는데, 1100년대 중반에 영국과 프랑스에서부터 가문의 전통으로 전해지기 시작했다. 그때에는 각 나라의 문장도 특징이 있었는데, 에스파냐의 카스티야 기사들은 성과 요새 모양을, 북서유럽의 플랑드르 사람들은 사자를, 오늘날 독일에 위치했던 작센은 말을, 북부 잉글랜드 기사들은 장미를 사용했다. 문장은 그것을 공부하는 학문이 생길 정도로 세밀하고 다양하게 발전했으며, 오늘날에는 유럽과 북미 지역의 회사나 대학, 축구 구단의 로고에서 방패 모양의 문장 형식을 찾아볼 수 있다.

*문장에 대한 자부심

중세 잉글랜드의 왕 자리를 놓고, 랭커스터 가문은 붉은 장미를, 요크 가문은 흰 장미의 문장을 앞세워 전쟁을 벌일 만큼 가문들은 문장에 대한 자부심이 대단했다.
신사의 나라라고 불리는 영국에서 신사를 뜻하는 '젠틀맨'이라는 단어는 '젠트리(gentry)'에서 나왔다. 젠트리는 원래 귀족의 지위는 아니었지만 가문의 문장을 사용할 수 있도록 허락받은 귀족의 중간 계층을 가리켰다.

랭커스터 가문의 붉은 장미와 요크 가문의 하얀 장미.

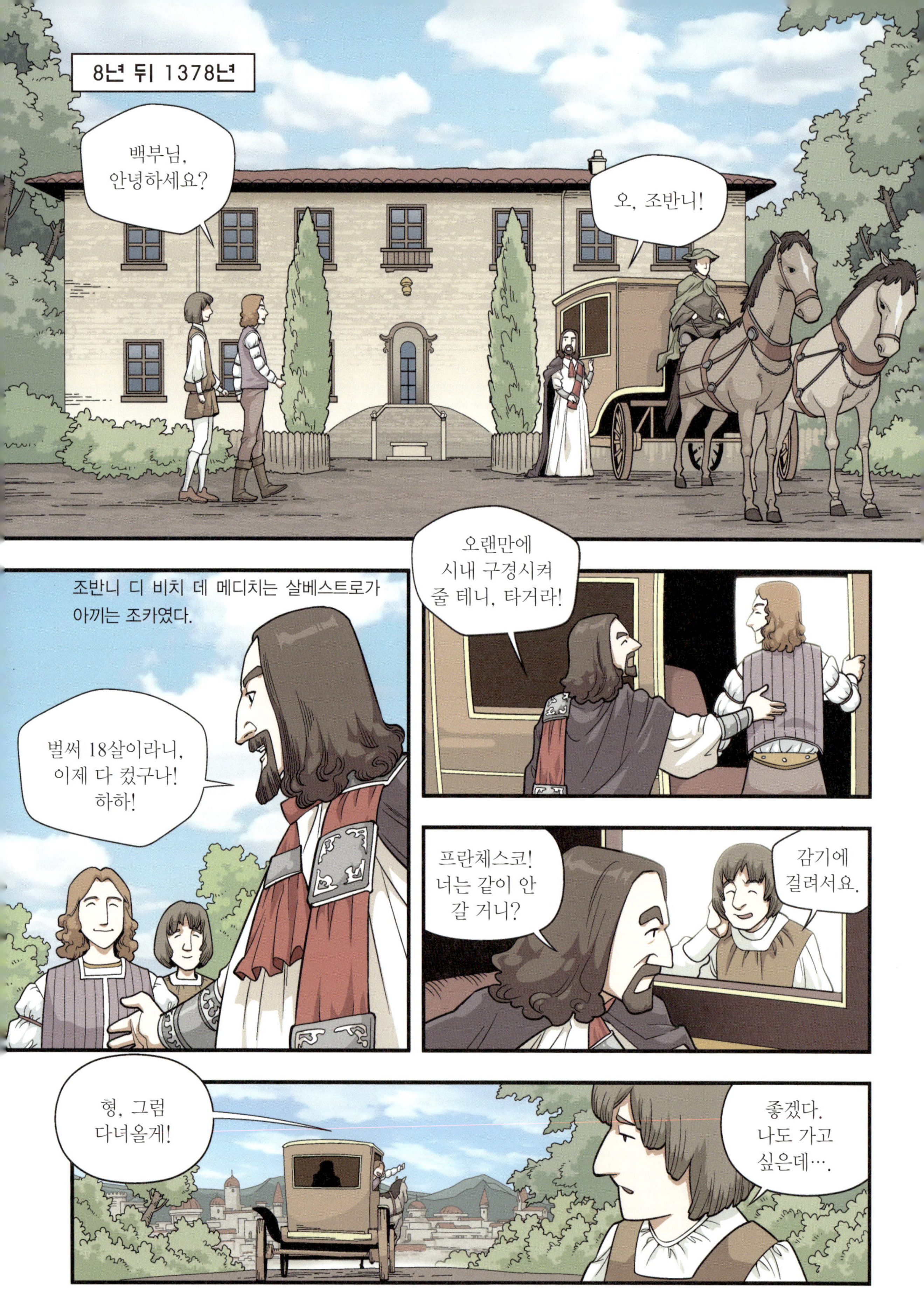

길드(guild)
중세 서유럽의 도시에는, 같은 직업의 사람들이 모여서 서로를 돕고 자신들의 이익을 지키기 위해 만든 동업자 모임이 있었다. 이를 '길드'라고 하는데, 지금의 협동조합 같은 것이다. 피렌체에는 법률인 길드, 모직 실크 의류상 길드, 은행가 길드, 의사 의약상 길드, 예술가와 장인 길드, 상인과 기술자 길드 등 21개의 길드가 있었다. 예를 들어, 어떤 사람이 생선 장수 길드에 들지 않고 생선을 팔려 한다면 그는 생선을 아예 팔 수 없거나 판다 해도 피해를 입을 수 있었다.

치옴피(Ciompi, 방직 노동자 길드)
치옴피는 모직물을 만드는 직업 중 제일 아래에 있는 사람들로, 모직의 재료인 양털을 씻는 세척실에서 나막신을 신고 일했기 때문에 신발의 이름을 따서 '치옴피'라고 불렸다. 치옴피는 힘든 일을 했지만 적은 돈을 받아서 가난한 생활에 허덕였고, 정치 참여는 물론 서로 단결할 권리조차 없었다.

치옴피의 반란은 왜 일어났을까?

이전까지 피렌체는 교회 국가의 중심인 교황청과 좋은 관계를 맺고 있었다. 하지만 교황청이 점차 금융과 상업 등, 피렌체의 경제를 위협해 오자, 사회의 새로운 세력으로 자리를 잡던 상인층이 위협을 받게 되었다. 그리하여 옛날부터 교황청과 가까이 지냈던 지배층과 교황청 사이에 전쟁(1375~1378)이 벌어졌다. 결과는 상인층의 패배였다. 이로 인해, 당시 유럽을 휩쓸던 페스트(전염병)로 많은 사람이 죽었던 빈민층들은 더욱 힘든 생활을 하게 되었고, 결국 그 불만이 터져서 치옴피들이 반란을 일으켰던 것이다.

피렌체 민주 국가의 상징, 바카!
도시에 위기 상황이 닥치면 시뇨리아 궁전의 종탑에서는 종이 울려 퍼졌는데, 그 종을 바카라고 불렀다. 바카의 소리는 마치 찌르는 듯한 신음 소리 같았고, 온 도시로 퍼져 나갔다. 바카가 울리면 14살 이상의 남자들이 시뇨리아 광장에 모이는데, 시민의 3분의 2 이상이 모이면 이전의 프리오리를 몰아내고 새로운 프리오리를 뽑아 새로운 시민 의회를 만들 수 있었다.

레오나르도 브루니(Leonardo Bruni, 1369~1444)
피렌체의 사상가이자 인문학자. 피렌체 공화국의 서기장을 지냈으며, 《피렌체 찬가》를 펴내 피렌체가 르네상스와 시민적 인문주의의 출발점이었음을 세상에 알린 사람이다. 또한 《피렌체 시민사》를 써, 르네상스라는 새로운 시대가 시작되었음을 최초로 공식적으로 알린 역사가이기도 하다.

물론 본격적으로 메디치 가문의 전통을 세워 놓은 사람은 여기, 그의 조카 조반니 디 비치였습니다.

스무 살 청년이었던 조반니는 백부의 추방을 보고 충격에 빠졌어요.

대중 앞에서 함부로 나섰다가는 큰 위기를 맞게 된다는 것을 크게 깨달았지요.

그래서 겉으로는 부드럽고 안으로는 의지가 강한 외유내강을 지니자고 다짐했습니다.

그런 다짐 덕분에 조반니는 나중에 피렌체 최고 갑부이던 바르디 은행과 페루치 은행을 제치고 최고의 은행 갑부가 된답니다.

이제부터는 청년 조반니가 어떻게 메디치 가문을 일으켜 세웠는지 살펴봅시다.

세 번째 이야기
은행업으로 성장하다!

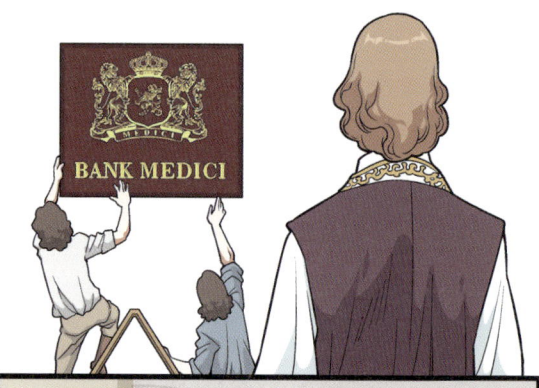

조반니 디 비치 데 메디치*는 1385년에 피카르다 부에리와 결혼하여 가정을 꾸렸다.

주인님! 로마에서 사촌 형님이 오셨습니다.

비에리 형님께서?

사촌 형인 비에리 디 캄비오 데 메디치는 로마에서 은행 일을 하고 있었다.

조반니! 나와 함께 로마로 가자!

로마요?

• Giovanni di Bicci de Medici, 1360~1429

조반니는 사촌 형의 조언을 받아들여 친형과 함께 로마로 간다.

*교황

오늘날 교황은 로마 가톨릭교회의 지도자이자 로마 시내에 있는 바티칸 시국이라는 독립된 도시 국가를 다스리는 국가 원수다. '교황'을 뜻하는 'Pope'라는 말은 라틴 어의 '파파(papa, 아버지)'에서 나왔는데, 종교적 아버지라는 뜻을 지닌다. 가톨릭이 생긴 이래 2,000년 동안 총 265명의 교황이 있었고, 현재 266대 교황은 아르헨티나 출신의 프란치스코다.

성 베드로 대성당과 연결되어 교황의 요새가 되었던 산탄젤로 성.

*교황령

교황이 다스린 영토로, 교회 국가라고도 한다. 유럽에서는 이탈리아 반도의 주요 도시 국가들이 754년부터 천 년이 넘게 교황령이었으나, 1870년에 이탈리아 왕국이 하나가 되면서 사라졌다가 1929년에 다시 로마 시 안에 바티칸 시국이 세워지면서 회복되었다.

*바티칸 시국

오늘날의 로마 주교, 즉 교황이 통치하는 나라로, 가톨릭교회의 상징이자 중심지다. 이탈리아의 수도인 로마 시내에 있으며, 오늘날 면적과 인구로는 세계에서 가장 작은 독립국으로 900명 정도가 살고 있다.

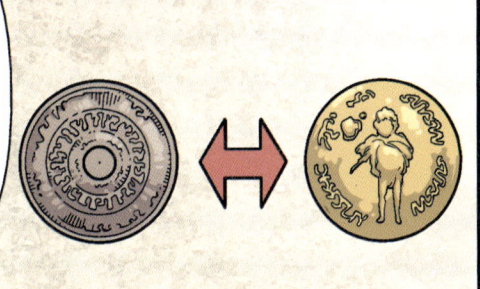

"그럼 아무 이득도 없이 어떻게 은행이 살아남아요?"

"영국에서 출발하는 사제가 영국 화폐인 파운드를 맡기면, 로마에선 그 값어치만큼 계산해서 로마의 금화인 플로린으로 내주지."

"하지만 파운드와 플로린의 가치가 딱 맞아 떨어지지 않기 때문에 약간씩 돈이 남는데, 그게 바로 은행의 벌이가 되는 거야."

"환율*!"

• 환율: 한 나라의 돈을 다른 나라의 돈과 교환하는 비율.

교회 사제뿐만 아니라 종교적인 일로 로마로 오는 사람들은 어김없이 은행에 돈을 맡기고 신용장을 만들었다.

'놀라운 일이다! 교회가 저주하는 은행업의 성장 중심에 교회가 있어!'

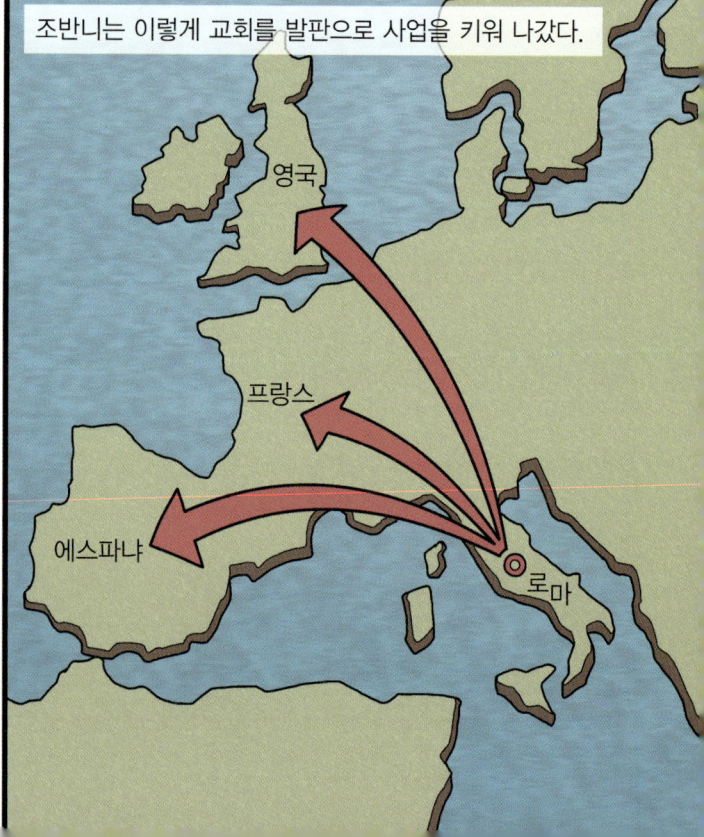

1397년, 조반니는 로마 지점을 베네데토에게 맡기고, 피렌체에서 처음으로 가문의 이름을 건 은행을 열었다.

피렌체에서는 테이블 하나로 은행을 시작하는 것이 환전상 길드의 풍습이었다.

메디치 은행에 오신 것을 감사드립니다.

환전상 길드는 신용장 써 주는 일을 주로 했으며, 이것이 오늘날 은행 금융업의 본격적인 시작이었다.

환전상 길드의 약속에 따라 모든 거래를 기록하겠습니다.

뱅크(Bank, 은행)의 어원

'뱅크'는 이탈리아 어 '방코(banco, 훗날 banca)'에서 나왔다. 방코는 필기를 하거나 돈을 세거나 마주 보고 앉아서 협상을 하는 테이블, 판자 또는 긴 의자를 뜻한다. 돈을 맡긴 사람이 환전상이 돈이 없어 돈을 돌려받지 못할 때에는 테이블을 부수기도 했는데, 영어에서 파산을 뜻하는 '뱅크럽시(bankruptcy)'도 여기서 나왔다. 즉, '방코'와 '깨다'를 뜻하는 'rupt'가 합쳐진 것이다. 한자어 '은행(銀行)'은 중국의 상인 길드인 '행(行)'이 먼 거리의 무역에 '은(銀)'을 사용한 것이 금융의 기원이 되어 쓰이게 되었다.

*이탈리아의 화폐, 피치올로와 플로린
옛날에 이탈리아에서는 은화로 만들어진 피치올로가 일반 사람들 사이에서 오랫동안 사용되었다. 그러나 1252년 피렌체에서 처음 만든 금화 플로린이 부유한 사람들 사이에서 큰 가치를 얻으며 유럽 각국에서 금화의 모델이 되었다. '플로린'은 영어로 '플로렌스'다.

*부유층의 화폐, 플로린!
플로린은 주로 귀족들 사이에서, 그리고 무역과 상업, 공업에서 상품을 거래할 때 사용되던 부자의 돈이다. 이와는 반대로, 피치올로는 품삯을 주거나 생활물품을 사고팔 때 쓰는 가난한 서민들의 돈이었다. 두 화폐는 완전히 구분되어 사용되었고, 서로 교환하는 일도 드물었다.

*플로린과 피치올로의 가치!
금화 1플로린은 은화 20피치올로 정도의 가치였는데, 궁전 한 채를 짓는 데 1,000플로린이 들었고, 50플로린이면 여자 노예 한 명과 노새 한 마리를 샀으며, 하녀가 1년 일하고 받는 돈이 10플로린 정도였다. 반면에 피치올로는 싸구려 옷감 1단에 9피치올로 정도로, 생선, 채소 등 대부분 평민들이 생활에 필요한 물건을 살 때 계산되었다. 1400년대에 들어서는 1플로린이 140피치올로 정도로 비교될 만큼 플로린의 가치가 올라갔다.

*서양 화폐의 기원
유럽에서 가장 오래된 화폐는 금과 은을 섞어 만든 엘렉트론으로, 기원전 7세기 정도에 그리스의 리디아 왕국에서 만들었다. 은화는 비슷한 시기에 아이기나 왕국에서 만들어진 것이 가장 오래된 것으로 알려져 있다. 화폐가 각 도시 국가에서 본격적으로 사용되기 시작한 것은 기원전 400~500년부터인데, 기원전 340년 전후로 만들어진 로마의 청동화 아스와 기원전 269년에 만들어진 로마의 은화 데나리우스가 대표적이다. 그리고 금화가 처음 만들어진 때는 기원전 100년으로, 로마의 아우레우스 금화가 그것이다.

플로린 금화의 앞면과 뒷면.

인물과 상징물이 새겨진 그리스 헬레니즘 동전들.

이탈리아 도시 국가의 신분 계급
피렌체는 시뇨리아와 같은 민주 정부의 모습을 띠었지만, 시민들 사이에는 엄격한 구분이 있었다. 큰 시민이란 뜻의 '그란디'는 귀족층, 작은 시민이란 뜻의 '미누토 포폴로'는 일반 노동자를 가리켰다. 하지만 공화국 위원회의 대표는 그란디나 미누토 포폴로 모두 될 수 없었고, 위원회 대부분은 부유층 상인들이 맡았다.

필리포 디 세르 브루넬레스코(Filippo di Ser Brunellesco, 1377~1446)
이탈리아 르네상스 건축 양식을 만든 사람 중 한 명이다. 피렌체의 산타마리아 델 피오레 대성당의 커다란 돔을 만든 것으로 유명하며, 공간의 깊이를 표현하는 (미술의) 원근법을 발견한 것으로 알려져 있다. 특히 지붕에 반구형의 뚜껑을 뒤집어 씌워 놓은 듯한 돔(dome) 건축은, 하늘을 찌르는 뾰족한 탑으로 대표되는 고딕 양식을 밀어내고 르네상스 양식이라 불리는 새로운 건축 양식을 출발시킨 의미를 지닌다.

네 번째 이야기
가문을 일으킨 조반니 디 비치!

여전히 피렌체는 한산하군!

살베스트로 백부님께서 태어나실 때만 해도 9만 명 이상이 살았는데,

지금은 절반밖에 되질 않다니….

로렌초 기베르티는 산조반니 세례당의 북문에 걸릴 청동 조각을 21년에 걸쳐 완성했다.

북문의 청동 조각은 〈그리스도전〉이라는 제목으로, 28쪽에 걸쳐 신약 성서의 이야기가 담겨 있다.

그 후 기베르티는 조반니의 후원으로 동문의 구약 성서 이야기도 조각했는데, 그 작품이 무려 27년 만에 완성된 '천국의 문'이다.

이탈리아 피렌체는 지붕 없는 박물관이라고 불리는 만큼, 도시 전체가 유네스코 세계 문화유산으로 지정되어 있다. 특히 중심가인 산조반니 광장에는 빼놓을 수 없는 세 개의 중요한 건물이 있는데 바로 대성당과 종탑, 세례당이다.

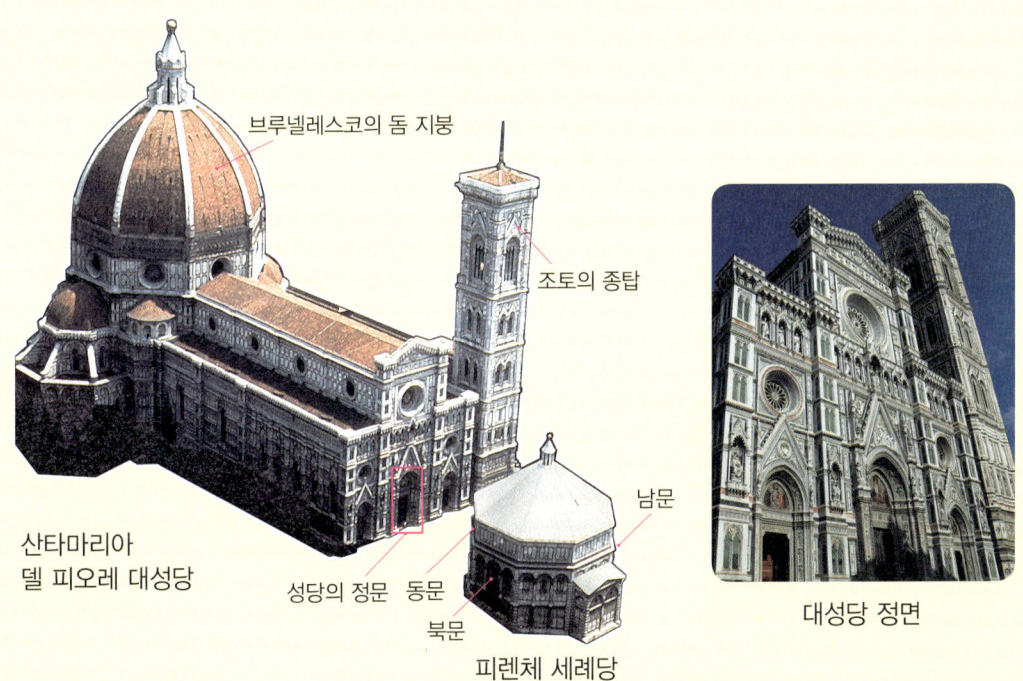

대성당의 이름은 산타마리아 델 피오레(Santa Maria Del Fiore) 대성당으로, '꽃다운 성모 마리아 대성당'이라는 뜻이며, 피렌체 대성당 혹은 두오모 (대)성당으로 불린다. 브루넬레스코의 돔 지붕으로 유명한 이 성당은 1296년에 짓기 시작하여 1436년에 완성되었으며, 당시에는 3만 명의 신도가 한 번에 들어갈 수 있는 세계 최대 규모의 성당이었다. 당시 피렌체가 정치·경제적으로 얼마나 큰 힘을 가지고 있었는지를 잘 보여 주는 건축물이다. 지금은 로마의 산피에트로 대성당과 영국 런던의 세인트 폴 대성당, 밀라노 대성당에 이어 세계에서 네 번째로 큰 성당이다.

피렌체 대성당에 속한 **세례당**은 피렌체 세례당 또는 산조반니 세례당으로 불린다. 세례당 안에는 피렌체 시의 수호성인(시를 보호하는 성인)인 성 세례자 요한을 기리기 위해 그의 일생을 묘사한 장면들이 조각되어 있다. 특히 이곳은 세 개의 청동문 조각으로 유명한데, 1330년에 만들어진 남문과, 로렌초 기베르티가 평생에 걸쳐 완성한 북문 그리고 '천국의 문'이라 불리는 동문이 유명하다.

조토 디본도네(Giotto di Bondone, 1266?~1337)가 설계한 것으로 유명한 85미터 높이의 거대한 **종탑**은 1334년에 짓기 시작하여 1359년에 완성되었다. 피렌체 출신의 화가이자 건축가인 조토는 이전까지 평면적이던 그림에 입체감과 생동감을 불어넣은 인물로, 미술사의 새로운 장을 열며 르네상스를 이끌었다.

• 과두 정치: 몇몇 사람에게 권력이 집중된 정부의 형태.

로렌초 기베르티(Lorenzo Ghiberti, 1378~1455)
르네상스 시대, 피렌체 공화국의 최고의 조각가다. 대표 작품으로 21여 년에 걸쳐 만든 '산조반니 세례당'의 북문의 청동 조각과, 이어서 27여 년에 걸쳐 만든 동문의 청동 조각이 있다. 동문은 미켈란젤로로부터 '천국으로 가는 입구'라는 최고의 찬사를 받으며 '천국의 문'이라고 불린다.
*'천국의 문'에 조각된 기베르티 자신의 모습.

다섯 번째 이야기
진정한 지배자의 힘!

조반니는 큰아들 코시모 디 조반니 데 메디치*가, 로마 지점장을 맡고 있는 바르디가 사람과 결혼하기를 바랐다.

왜 하필 바르디 가문이에요?

* Cosimo di Giovanni dé Medici, 1389~1464

우리 은행에 많은 도움을 준 가문이란다.

하지만 영국과 나폴리 왕에게 빌려준 돈을 받지 못해 힘을 잃은 가문이잖아요?

한번 맺은 인연은 이 사과나무와 같은데, 그 은혜를 저버려서야 되겠니?

교회 대분열!

1378년 이탈리아 출신의 우르바노 6세가 교황이 되자, 이에 불만을 품은 프랑스 추기경들이 프랑스 출신의 교황 클레멘스 7세를 따로 세운다. 당황한 가톨릭 공의회는 두 교황을 물러나게 하고 새로 피사의 교황 알렉산데르 5세를 세운다. 하지만 두 교황이 물러나지 않자 오히려 교황은 3명이 되어 유럽의 교회 국가들은 대혼란을 겪는다. 공의회는 오래 의논한 끝에 1414년, 오로지 로마의 교황만을 인정하고, 알렉산데르 5세를 이어 교황이 된 교황 요한 23세를 쫓아내고 새로운 로마의 교황 마르티누스 5세를 뽑음으로써 교회 대분열에 마침표를 찍는다.

용병
당시에는 전쟁을 치를 때 외국에서 군인을 사야 했다. 이들을 용병이라고 하는데, 월급을 받는 직업 군인으로 볼 수 있다. 용병이 많을수록 전쟁에서 이길 가능성도 컸기 때문에, 전쟁을 치르는 지배 계층은 용병을 사기 위해 은행에서 돈을 빌리기도 했다. 이탈리아 어에서 용병을 뜻하는 '콘도티에리'는 계약을 뜻하는 콘도타(condotta)에서 유래했다.

• 역모 죄인: 반역을 꾀한 죄인.

마르실리오 피치노(Marsilio Ficino, 1433~1499)
이탈리아의 철학자이자 인문주의자. 고대 그리스의 철학자인 플라톤의 모든 글을 라틴 어로 번역하여, 그로 인해 플라톤의 라틴 어 번역이 최초로 완성되었다. 신플라톤주의를 연구한 그의 이상주의적 생각은 아직 현실에 존재하지 않는 어떤 것에 집중하기를 주장하며 1400년대 말부터 1500년대에 걸쳐 전 유럽에 큰 영향을 끼쳤다. 지은 책으로는 《플라톤 신학》이 있다.

여섯 번째 이야기
피렌체의 아버지라 불린 코시모 데 메디치

• 페라라: 이탈리아 북부에 있는 도시.　•• 공의회: 교황이 전 세계의 추기경, 주교, 신학자들을 모아 여는 종교 회의.
••• 교리: 종교적인 원리나 이치. 각 종교의 종파가 진리라고 정한 신앙의 체계를 말한다.

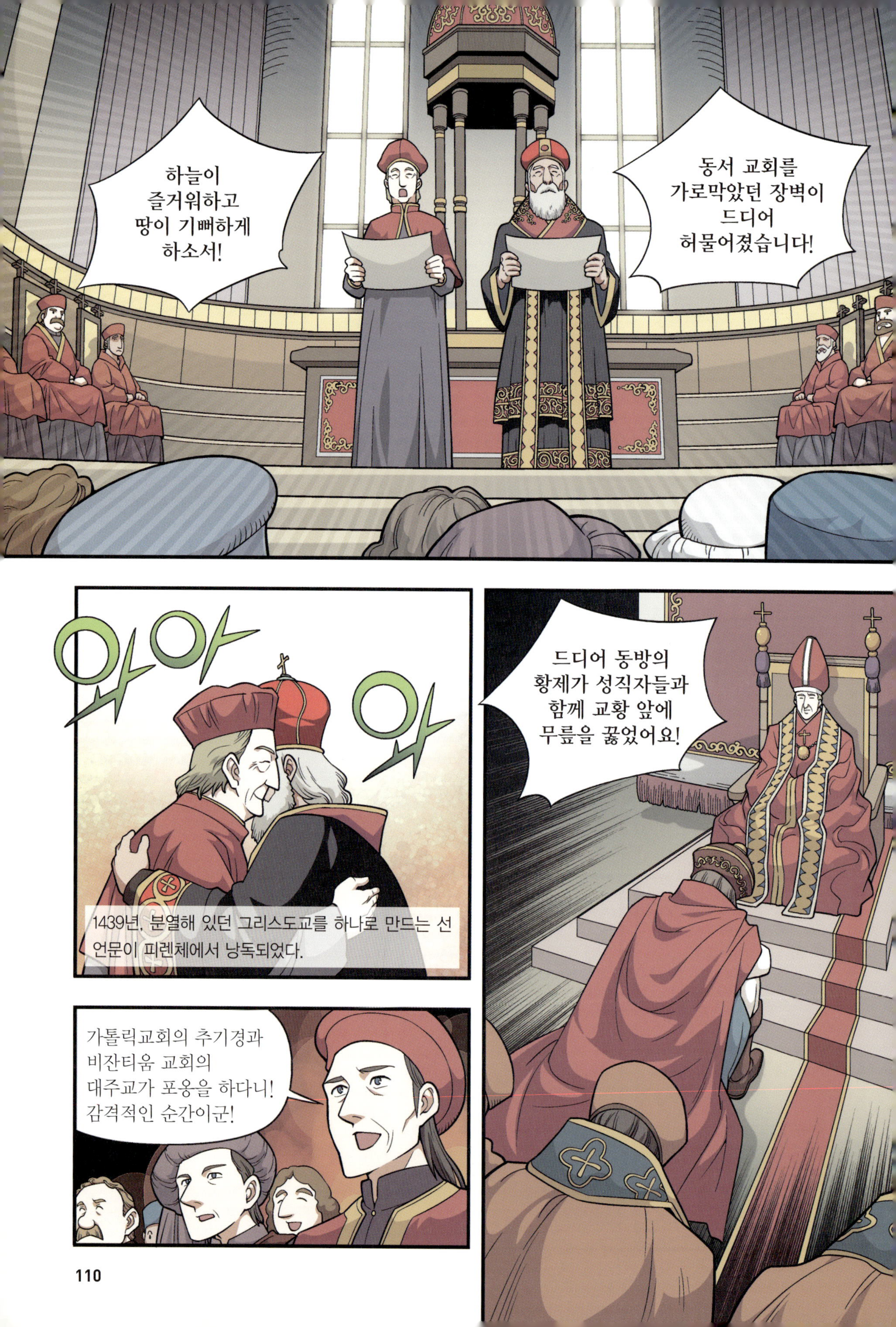

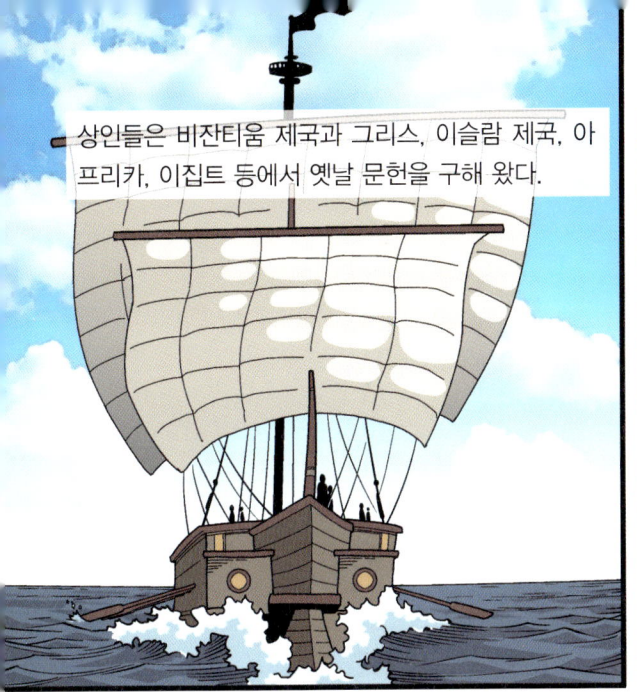

미켈로초 디바르톨롬메오(Michelozzo di Bartolommeo, 1396~1472)
피렌체가 고향인 조각가로 미켈로초 미케로치라고도 불린다. 원래 조각을 했으나 나중에 건축을 시작하며 주로 메디치가의 후원을 받았다. 훗날 르네상스를 전파하는 데 이바지했으며, 그의 건축물 "메디치 리카르디 저택(팔라초 메디치 리카르디)"은 피렌체에 있는 많은 대저택 건축 중에서도 걸작으로 꼽힌다.

이탈리아 최초의 공공 도서관

플라톤 사상에 깊이 빠져든 코시모 데 메디치는 친구이자 개인 사서였던 니콜로 니콜리와 함께 고대 문서들을 사들였다. 니콜리는 고대 유물과 그리스 필사본(손으로 써서 만든 책)을 평생 동안 찾아다닌 인물이었다. 니콜리가 세상을 떠나자 코시모는 그가 간직했던 800여 권의 그리스 필사본을 사들였고, 이 많은 책을 보관하기 위해 산마르코 수도원에 도서관을 세우면서 더 많은 고대 문헌들을 모았다. 코시모는 도서관을 지으면서부터 모든 학자들이 자료를 볼 수 있게 해야 한다고 생각했는데, 이것이 이탈리아 최초이자 유럽 최초의 공공 도서관이었다.

• 주치의: 한 사람의 건강이나 병에 대해 상담 또는 치료해 주는 의사

아카데미(academy)
원래는 그리스의 아테네 근처에 있는 숲을 가리킨다. 그곳은 그리스의 대표적인 희곡 작가 아리스토파네스 시대에 연극을 무대에 올리기 위한 연습 장소로 이용되었다. 그 뒤로 기원전 385년경 플라톤이 그곳에 '철학 아카데미'를 세워 학문을 탐구했다. 중세에 이르러 코시모가 세운 피렌체의 '플라톤 아카데미'가 전 유럽으로 퍼지면서 아카데미라는 말은 학문의 전당을 가리키게 되었다. 오늘날에는 미술 학교뿐만 아니라 철학, 음악, 영화 학교 등에서도 아카데미라는 이름을 사용한다.

마르실리오 피치노는 플라톤 아카데미에서 최고의 예술가와 인문주의자들과 지내며 플라톤 철학을 토론했다.

지구가 우주라는 물질의 중심이라면, 인간 영혼은 영적인 모든 것의 중심입니다.

따라서 인간은 물질적 세계의 중심이자 영적 세계의 중심이 되는 것이죠!

도나텔로(75세)

보티첼리(17세)

베로키오(27세)

미켈로초(66세)

프라안젤리코(75세)

인간 영혼은 신과 하나가 되려는 불멸의 정신과 다름없으며, 그 정신이 바로 인간 본성인 것입니다.

피치노! 그럼 인간 본성이 지식으로 쌓아지는 게 아니라는 뜻인가?

그렇습니다. 인간 본성 자체가 바로 절대적인 아름다움, 즉 선(善)인 것입니다.

*인문주의의 탄생!

중세 유럽에서는 고대 로마와 그리스의 작품 같은 고전을 연구하는 학자들이 많아졌다. 고대 문서를 번역하면서 사람들은 인간의 가치에 대해 연구하기 시작했는데, 이러한 고전 연구를 '인문학'이라고 하였다. 인문학은 인간이 자유 의지를 가졌다는 믿음에서 나왔다. 이전까지 유럽 사람들은 신이 중심인 세상 속에서 살아 왔는데, 인문학은 이와 반대되는 것이었다. 인간이 자유 의지를 가졌다는 믿음에서 인문학이 나오고 인문주의가 탄생했으며, 이러한 인문주의는 이탈리아에서 가장 활발히 일어났다. 특히 토스카나에서 태어난 프란체스코 페트라르카(1304~1374)가 인문주의 사상을 이끌었다. 페트라르카는 고전 문헌들의 필사본을 개인 도서관에 꾸준히 모았는데, 이러한 개인 도서관이 훗날 메디치가에서 세운 최초의 공공 도서관의 밑바탕이 되었다. 인문주의가 퍼지면서 고대 그리스와 로마를 지배했던 생각과 사상들이 학자들 사이에서 가장 큰 관심거리가 되었고, 이러한 관심이 주를 이루는 인문학과 인문주의는 1400년대의 르네상스, 즉 문예 부흥기라는 형태로 나타났다.

*플라톤 철학

플라톤(기원전 427~347)은 그리스의 철학자인 소크라테스의 제자로, 철학을 하나의 학문으로 이루어 낸 이상주의자다. 플라톤이 주장한 이상주의 철학은, 제자인 아리스토텔레스의 철학과 함께 서양 철학에 큰 영향을 끼쳤는데, 중세의 그리스도교가 아리스토텔레스의 철학을 받아들여 신학 체계를 세우는 데 이바지했다면, 플라톤의 철학은 중세 르네상스를 일으키는 큰 원동력이 되었다.

*마르실리오 피치노의 신플라톤주의

피치노는 이 세상에는 계층이 있다고 말했다. 가장 높은 곳에 절대자인 하느님이 있고, 인간의 영혼은 낮은 계층에서 높은 계층으로 올라감으로써 신의 깨우침에 이를 수 있다고 여겼다. 인간의 이성은 신의 깨우침과 비슷해질 수 있을 만큼 순수한 것이고, 육체의 얽매임에서 벗어나기 위해 인간이 살아가고 있는 것이라고 여겼다. 그는 고대 그리스 사상보다 더 거슬러 올라가 고대의 종교까지 보다 넓게 탐구했는데, 이러한 생각은 피렌체를 비롯하여 르네상스 예술가들에게 커다란 영향을 주었다.

라파엘로가 그린 〈아테네 학당〉의 일부. 하늘을 가리키는 사람이 플라톤, 땅을 가리키는 사람이 아리스토텔레스다. 플라톤은 이상을, 아리스토텔레스는 현실을 중요시했음을 보여준다.

전통적인 이탈리아풍으로 지은 메디치 리카르디 저택

코시모는 미켈로초에게 소박하고 검소하게 설계하라고 지시하였다. 그러나 소박하고 검소하게 지었다는 저택이 이 정도라면 그 당시 메디치 가문의 예술, 건축 등에 가지는 규모가 얼마나 컸는지 알 수 있다.

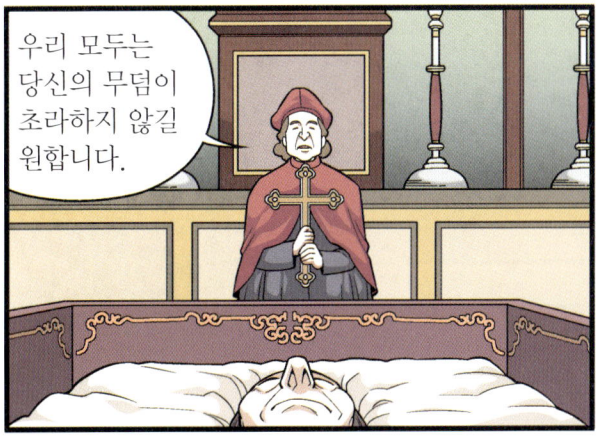

도나텔로(Donatello, 1386~1466)
피렌체에서 태어난 이탈리아의 대표적인 조각가다. 로렌초 기베르티의 조수로 일했고, 브루넬레스코와 함께 고대 미술품을 발굴하여 보물 사냥꾼으로도 불린다. 가장 독창적이고 종합적인 미술가로 평가받으며 1400년대 이탈리아 미술에 혁신을 가져왔다. 미술에 있어서 건축의 브루넬레스코, 회화의 마사초, 조각의 도나텔로를 르네상스 양식의 창시자라 부른다. 그는 유언대로 코시모 무덤 곁에 묻혔다.

여기 산로렌초 성당에 묻힌 코시모가 피렌체 시를 위해 기부한 돈은 66만 플로린이라고 합니다.

호화로운 궁전 한 채를 짓는 데 1만 플로린이었으니, 66개의 대궁전을 지을 수 있는 돈이었지요.

여기, 메디치 저택은 5,000플로린 정도였습니다.

코시모가 죽은 뒤에도 문화 예술에 대한 지원은 메디치 가문의 전통으로 이어졌지요.

메디치가의 교훈

첫 번째,
한번 맺은 신의를 버리지 말아라.

두 번째,
정면 돌파의 모범을 보여라.

세 번째,
인내하고 때를 기다려라.

네 번째,
노새를 타고 가는 코시모를 기억해라.

그가 남긴 교훈과 함께 말이죠.

일곱 번째 이야기

로렌초 디 피에로의 명예와 의무!

코시모를 이어 큰아들 피에로 디 코시모 데 메디치*가 48세에 가문을 이끌게 되었다.

살베스트로 ---조카---> 조반니

장남 ↓

코시모

장남 ↓

피에로

피에로는 아버지의 명성으로 프리오리와 곤팔로니에레까지 지낼 수 있었지만,

• Piero di Cosimo dé Medici, 1416~1469.

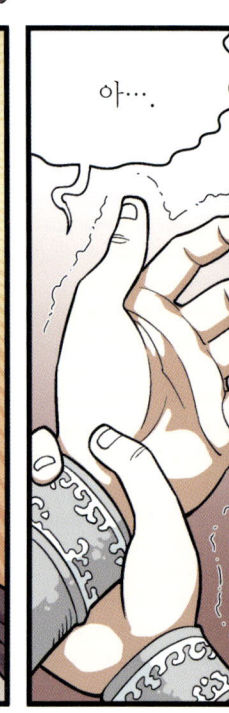

아….

어릴 때부터 앓았던 통풍** 때문에 피렌체를 5년밖에 다스리지 못한다.

아, 통증이! 마치 바늘로 찌르는 것 같아!

** 통풍: 혈액 속의 요산의 수치가 높아 손목, 팔목, 발목 등 관절에 염증이 생기는 병. 발작을 일으키면 관절 부위가 붓고 몹시 아프다.

1469년 피에로가 죽고 가문을 이끌게 된 20살의 로렌초 디 피에로 데 메디치*는 로마 최고의 오르시니 가문의 사람과 결혼한다.

* Lorenzo di Piero dé Medici, 1449~1492.

원래 피렌체 귀족은 피렌체 귀족끼리 결혼한다면서요?

이젠 로마 귀족과의 결혼도 필요해요.

1475년, 산드로 보티첼리는 〈동방 박사의 경배〉라는 작품을 완성했다.

이 그림을 성당에 걸어 시민들도 평화에 대한 희망을 갖도록 하고 싶네!

〈동방 박사의 경배〉 (산드로 보티첼리, 1475, 우피치 미술관)
검은색 윗옷을 입고 아기 예수 앞에 앉은 사람이 코시모이며, 중앙에 붉은 망토를 걸치고 앉은 사람이 코시모의 장남 피에로, 그의 오른편 동방 박사는 둘째 아들 조반니, 화면 가장 왼쪽의 붉은 윗옷을 입은 청년은 로렌초, 그 옆에는 메디치가에서 지내던 철학자 미란돌라와 시인 폴리치아노다.

• 대공의 성모 마리아(1483~1485).

안젤로 폴리치아노(Angelo Poliziano, 1454~1494)
이탈리아 르네상스에 큰 공헌을 한 시인이자 인문주의자. 토스카나 지방에서 유명하던 법률가의 아들이었으나, 아버지가 메디치가를 지지하다가 피에로를 죽이려던 무리에게 죽임을 당해 메디치가의 보호를 받게 되었다. 메디치가에서 라틴 어, 그리스 어를 공부하며 마르실리오 피치노에 이어 플라톤 아카데미를 이끄는 철학자가 되었다.

모두 기도합시다.

지금이닷!

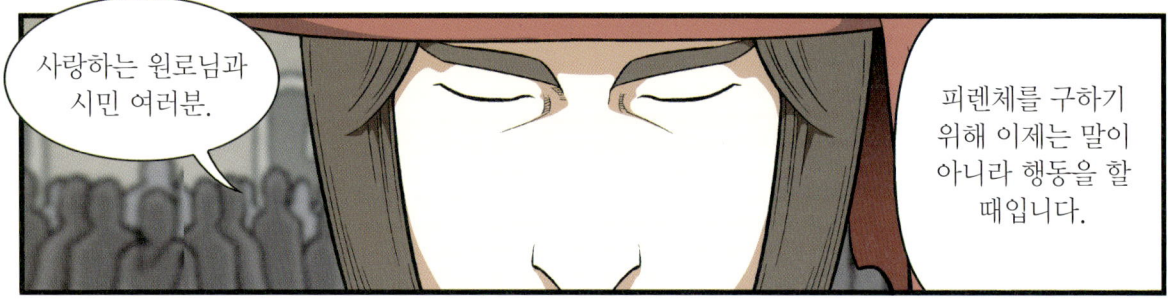

"로렌초 영주님!"

"보티첼리가 나폴리에서의 승리를 찬양하는 그림을 완성했다고 합니다!"

"그래?"

보티첼리의 〈팔라스와 켄타우로스〉는 로렌초를 위대한 팔라스로 표현한 작품이다.

"전쟁의 신 아테나가 순결한 처녀 팔라스의 모습으로 괴물 켄타우로스의 머리를 휘어잡고 있군!"

보티첼리는 그리스, 로마 신화를 주제로 한 많은 작품에서 메디치가를 자주 나타내었다.
1478년경에 완성한 '봄'이라는 뜻의 〈프리마베라〉는 로렌초의 동생 줄리아노 데 메디치와 애인 시모네타 베스푸치의 사랑을 축복한 폴리치아노의 시를 그림으로 표현한 작품이다.
1484년에 완성한 〈비너스의 탄생〉은 인간의 마음을, 이상적인 세계로 끌어올리는 신플라톤주의 철학으로 표현한 작품이다. 그림에 나오는 월계수와 오렌지 나무는 메디치가를 상징한다.

〈프리마베라〉

〈비너스의 탄생〉

안녕하세요? 저는 메디치가에서 거의 평생을 가족처럼 지낸 산드로 보티첼리입니다.

메디치가의 도움을 받으며 이탈리아 르네상스 시대를 대표하는 화가가 되었죠.

로렌초는 저보다 4살이 어렸지만 저는 그를 존경했어요.

남부러울 것 없을 만큼 많은 재산을 가진 그였지만, 자신의 희생을 결코 두려워하지 않았거든요.

동서 유럽의 무역이 가장 활발했던 이 시기에 돈 있는 사람들은 미술품을 사들였습니다.

자신의 고상한 취향을 뽐내고 또 그것을 집에 두는 것을 무척 자랑스럽게 여겼죠.

예전에는 교회가 중심이 되어 예술품을 모았다면, 이제는 개인이 수집하게 된 것이지요.

산드로 보티첼리(Sandro Botticelli, 1445~1510)
알레산드로 디 마리아노 필리페피가 본명이지만, 보티첼리라는 이름으로 더 잘 알려져 있다. 피렌체의 가난한 가죽 장인의 아들로 태어나, 이탈리아 초기 르네상스 시대의 대표적인 화가가 된다. 신플라톤주의 사상을 익히며, 있는 그대로의 사실적인 그림을 그렸지만, 차츰 자신만의 그림 스타일을 만들어 내며 〈비너스의 탄생〉과 같은 신비로운 그림을 선보였다.

여덟 번째 이야기
르네상스의 고향, 피렌체!

1400년대가 되었을 때 피렌체에서는 인문주의자들의 활동이 활발해졌다.

특히 주변 나라의 학자들까지 몰려들면서 코시모가 세운 플라톤 아카데미는 더욱 유명해졌다.

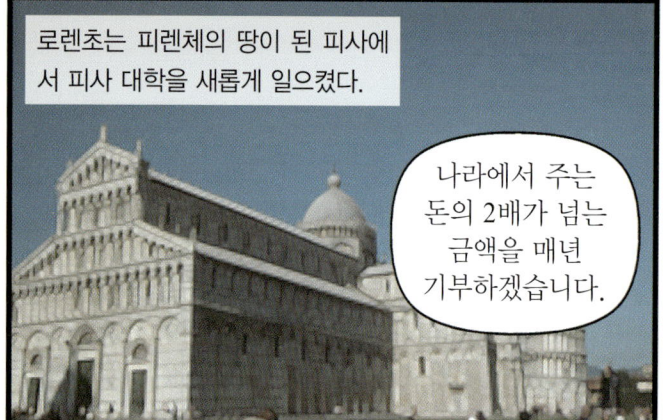

로렌초는 피렌체의 땅이 된 피사에서 피사 대학을 새롭게 일으켰다.

"나라에서 주는 돈의 2배가 넘는 금액을 매년 기부하겠습니다."

"보다 많은 인문학자들이 피렌체에서 탄생하길 바라기 때문입니다."

"개인적으로 이렇게 많은 돈을 후원하시는 이유가 뭔가요?"

대학

중세 유럽에서는 성당에서 운영하던 학교가 큰 도서관을 갖춘 대학교로 발전한다. 이때 성당 학교의 학생과 교사들이 스스로 연합체를 만들었는데, 이 연합체를 라틴 어로 '전체'를 뜻하는 '우니베르시타스'라고 불렀고, 여기에서 오늘날 대학을 뜻하는 유니버시티(university)가 나왔다. 일부 교육 기관에서 일정한 규칙에 따라 생활하는 그룹은 칼리지(college)라고 불렀다.

이때 이탈리아 최고의 회화가였던 베로키오는 제 자인 페루지노와 다빈치를 로렌초에게 소개한다.

누구보다도 재능이 탁월한 청년들입니다.

피에트로 페루지노

레오나르도 다빈치

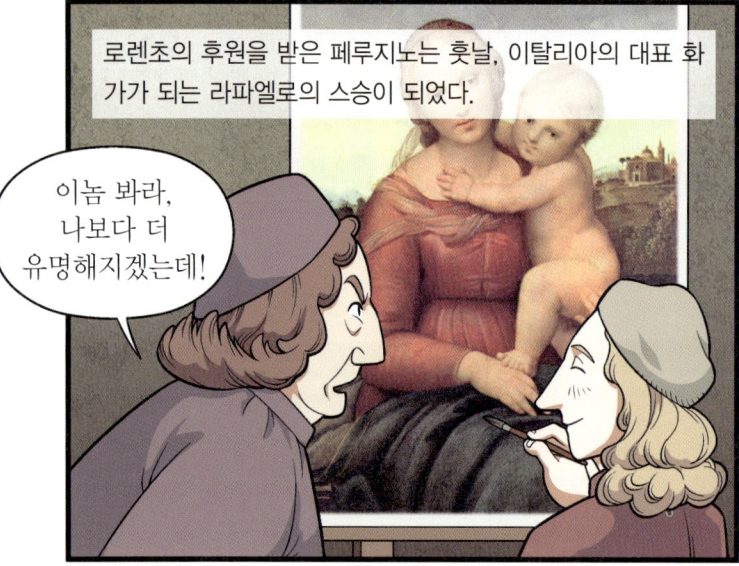

로렌초의 후원을 받은 페루지노는 훗날, 이탈리아의 대표 화가가 되는 라파엘로의 스승이 되었다.

이놈 봐라, 나보다 더 유명해지겠는데!

다빈치는 베로키오의 작품 〈그리스도의 세례〉에서 조수로 일하며 재능을 인정받았다.

안드레아 델 베로키오의 〈그리스도의 세례〉. 1475년경, 우피치 미술관. 우측 천사가 레오나르도 다빈치의 그림.

수태고지•? 누가 그린 건가요?

레오나르도가 제 조수로 있으면서 그린 첫 작품입니다.

• 수태고지: 마리아가 성령으로 예수를 잉태할 것임을 천사 가브리엘이 마리아에게 알린 일.

도메니코 기를란다요는 피렌체에서 태어난 초기 르네상스 시대의 화가로, 후대에 이름을 떨칠 또 한 명의 천재 예술가 미켈란젤로를 로렌초에게 소개했다.

뛰어난 재능을 인정받은 미켈란젤로는 15살에 로렌초의 양자가 되었다.

윽, 다리가 후들거려….

보티첼리를 총감독으로 하여 시스티나 성당의 벽면은 아름답게 꾸며졌는데, 기를란다요는 오른쪽 벽면에 신약 성서 이야기인 〈베드로와 안드레의 소명〉을 그렸고.

페루지노는 〈성 베드로에게 천국의 열쇠를 주는 예수〉를 완성했다.

이젠 손에 감각도 없네.

그리고 1512년에 미켈란젤로가 성당의 천장에 그 유명한 〈천지창조〉를 4년 반 만에 완성한다.

으, 목 아파!

예배당 실내 장식이 완성되자 로마 사람들은 피렌체의 예술 수준에 놀라움을 금치 못했다.

이럴 수가!

피렌체 화가들이 로마에 대체 무슨 일을 벌인 건가!

1541년에 미켈란젤로가 벽면에 그린 〈최후의 심판〉까지 완성되자, 피렌체 예술가들이 남긴 프레스코화 작품들은 로마뿐만 아니라 전 유럽에서 이름을 떨쳤고, 오늘날까지 최고의 작품으로 손꼽힌다.

프레스코화(Fresco Painting)
회화의 역사에서 가장 오래된 그림의 형태로, 회반죽이 마르기 전에 물감으로 그리는 기법이다. 프레스코는 이탈리아어로 '신선하다'는 뜻으로, 물감이 벽면에 스며들기 때문에 벽의 수명만큼 오래 보존되는 특징이 있다. 회반죽이 마른 후 그리는 기법을 세코(Secco), 어느 정도 마른 벽에 그리는 것을 메초 프레스코(Mezzo Fresco)라고 부른다.

사보나롤라는 교회의 재산과 귀족들의 사치품을 빼앗고 피렌체의 자랑인 예술품들까지 거둬들여 불 지르며 폭력적으로 변해 갔다.

이건 너무 지나치지 않나?! 정말 경악스러운 일이야!

시뇨리아가 다시 옛날의 야만스러웠던 시절로 돌아간 것 같네!

시민들을 부추겨 메디치가를 쫓아내더니 결국 이런 꼴이란 말인가!

하지만 4년 뒤 샤를 8세가 죽자, 사보나롤라는 교황의 명령으로 처형을 당한다.

피에로 2세는 1503년 도망 생활을 하던 중, 배가 뒤집혀 바다에 빠져 죽는다.

레오나르도 다빈치(Leonardo da Vinci, 1452~1519)
피렌체 근처의 빈치 마을에서 태어나 르네상스 시대 이탈리아를 대표하는 천재적 미술가·과학자·기술자·사상가로 이름을 날렸다. 그는 르네상스 미술이 완성에 이르렀다고 평가받을 만큼, 조각·건축·토목·수학·과학 등 여러 방면에서 뛰어난 재능을 보였다.

아홉 번째 이야기
꺼지지 않는 메디치의 불빛!

피사의 어느 저택

죽은 피에로 2세의 아들이 11살밖에 안 되니, 조반니에게 집안을 맡깁시다.

조반니 디 로렌초 데 메디치는 "위대한" 로렌초의 둘째 아들로 아버지의 바람대로 일찍이 성직자가 되어 13살에 추기경이 된 인물이었다.

줄리오! 내가 로마에서 성공한다면 우리 가문을 다시 일으키고 싶어.

교황 레오 10세(Papa Leone X, 1475~1521)

217대 교황으로 1513년부터 1521년까지 9년 동안 가톨릭교회를 다스렸다. 본명은 조반니 디 로렌초 데 메디치(Giovanni di Lorenzo dé Medici). 그는 사회의 관심을 받지 못하는 소외 계층 사람들에게 자비를 베풀었다. 교황으로 있으면서 성 베드로 대성전을 건축할 돈을 마련하기 위해서도 힘썼는데, 여기서 생겨난 문제로 마틴 루터가 95개조 반박문을 게시하는 종교 개혁이 시작되기도 하였다.

메디치 가족묘를 만드는 동안, 레오 10세가 죽고 교황 자리를 이은 하드리아노 6세마저 죽으면서, 메디치가의 클레멘스 7세가 새 교황이 되었다.

클레멘스 7세(Clemens VII, 1478~1534)
219대 교황으로, 1523년부터 1534년까지 11년 동안 교황 자리에 있었다. 본명은 줄리오 디 줄리아노 데 메디치(Giulio di Giulian dé Medici). 종교 개혁 시대의 교황으로 능력과 자질이 부족했으며, 모략과 술수를 부리다가 로마를 폐허로 만드는 비극적인 사건을 일으키기도 한다. 그로 인해 명예와 찬사로 빛나던 메디치 가문에 비난과 저주가 쏟아지기도 했다.

미켈란젤로는 새로 지을 도서관의 설계를 맡았다.

메디치 도서관으로도 불리는 라우렌치아나 도서관은 1523년에 공사를 시작하여 1571년에 완성되었다.

라우렌치아나 도서관의 옛 모습

미켈란젤로가 디자인한 도서관의 입구는 오늘날까지 높은 찬사를 받고 있다.

현재 이 도서관에는 1만여 점의 고대 문헌과 2,500장의 파피루스 사본, 유럽 최초로 인쇄된 16세기 도서 1,810권 등 총 12만 6,527권의 도서가 보관되어 있다.

1533년, 교황 클레멘스 7세는 집안 손녀인 카테리나 데 메디치*를 프랑스의 앙리 2세와 결혼시켰다.

* 1519~1589. 프랑스식 이름은 카트린 드메디시스다.

• Cosimo I de' Medici, 1519~1574

• 우피치: 이탈리아 어로 집무실을 뜻한다.

조르조 바사리(Giorgio Vasari, 1511~1574)
이탈리아 르네상스 시대의 화가이자 건축가, 미술사가다. 미켈란젤로의 제자이기도 하며, 그가 쓴 《미술가 열전》은 세계 최초의 미술 역사책으로 볼 수 있는 것으로, 이탈리아 르네상스 시대의 예술가 200여 명의 삶과 작품에 대해 적고 있다. 시대 구분과 개념 정의, 고딕 양식, 비잔틴 양식, 매너리즘, 소묘 예술, 단축법 등의 용어들을 통하여 미술사라는 영역을 새로 개척하였다.

박물관의 시작, 우피치 미술관!

우피치 미술관 4층에는 갈레리아(galleria)라는, 'ㄷ'자 모양의 복도가 있다. 이곳의 이름에서 오늘날의 '갤러리(gallery, 화랑)'라는 말이 나왔다. 갈레리아는 여러 개의 방들로 나뉘어 있는데, 메디치가가 숭배했던 위대한 인물들의 조각과 초상화 그리고 고대와 르네상스 시대의 예술품들이 진열되어 있고, 무기·도자기·메달·지도 등을 모아 둔 방들과, 수학 도구와 천체 관측 기구들만 따로 모아 놓은 수학의 방도 있다.

• Anna Maria Luisa de'Medici, 1667~1743

갈릴레오 갈릴레이(Galileo Galilei, 1564~1642)
근대 물리학의 기초를 닦은 이탈리아의 물리학자이자 천문학자, 수학자다. 물체의 운동 법칙을 연구했으며 지구가 태양을 돈다는 코페르니쿠스의 지동설을 지지했다. 피사에서 태어났지만 메디치가의 후원을 받았고, 피렌체에서 생을 마감하기까지 천문 관측과 과학 연구에 몰두했다.

열 번째 이야기
메디치가의 업적과 영향!

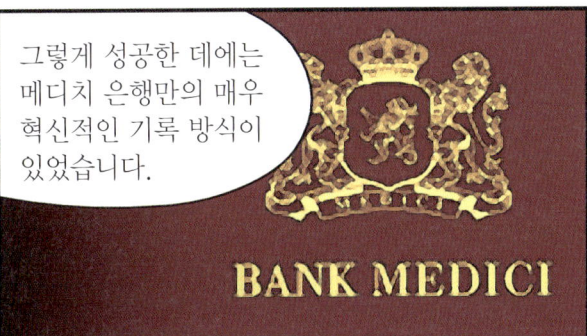

복식 부기
부기란 '장부 기입'의 줄임말로서, 돈과 물품의 모든 거래를 기록하는 공책을 말한다. 부기는 상점이나 기업에서 일어나는 경제 활동의 모든 내용을 일정한 법칙에 따라 기록·계산하기 때문에, 부기를 보면 돈이 어떻게 오고 가고 이익과 손해가 얼마나 났는지를 한눈에 알 수 있다.

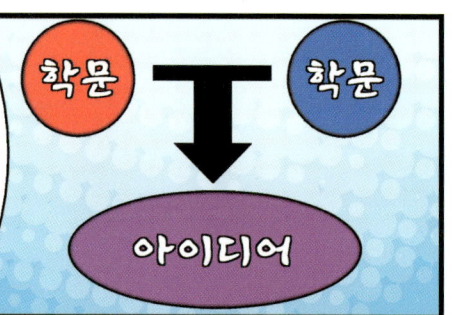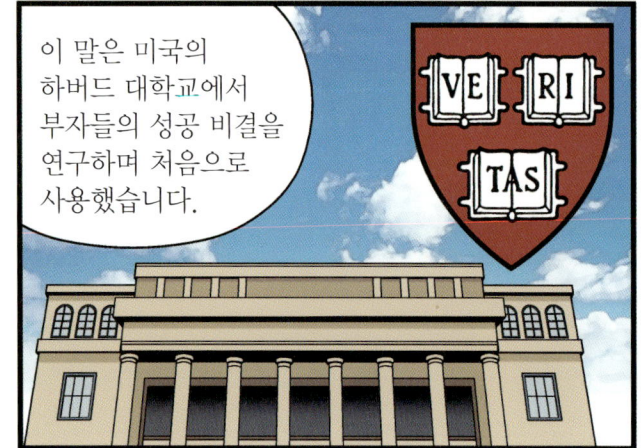

메디치 효과란, 1400년대 메디치 가문이 예술가, 철학자, 과학자, 상인 등 다양한 분야의 전문가들을 후원하자,

그들 사이에서 자연스럽게 교류가 생기면서 새로운 르네상스 시대가 나타나게 된 데서 나왔습니다.

인문주의자와 조각가의 만남으로 인간을 주제로 창조된 조각 예술!

철학자와 수학자의 만남으로 활발해진 자연 과학!

미술가와 건축가의 만남으로 탄생한 건축 예술!

이 모두가 메디치 효과의 결과인 셈입니다!

• 마리아 데 메디치: 프랑스식 이름은 마리 드메디시스다.

유네스코 세계 문화유산
유네스코는 국제기구인 유엔의 전문 기구 중 하나로, 교육·과학·문화·커뮤니케이션을 비롯한 여러 분야에서 인종·성별·종교의 차별 없이 법과 정의를 지키고 기본적인 자유를 지켜 나가며 세계 평화를 이루는 데 그 목적이 있다. 유네스코에서는 1972년부터 인류 전체를 위해 보호해야 할 가치가 있다고 인정한 유산을 세계 문화유산으로 지정하고 있다. 세계 문화유산에는 문화유산·자연유산·복합유산이 있다.

이탈리아 르네상스의 중심지! 1300~1500년대의 예술 작품이 모여 있는 피렌체! 그곳의 중심은 바로 시뇨리아 광장입니다!

베키오 궁전

시뇨리아 광장은 피렌체 공화국의 정치 행정의 중심이었던 베키오 궁전, 우피치 궁전 등에 둘러싸여 있어요!

베키오 궁전

시뇨리아 광장

우피치 궁전
(오늘날 우피치 미술관)

아르노 강

피티 궁전

이곳은 우피치 미술관으로 주로 회화 작품들을 모아 놨습니다.

바로 제가 메디치가의 주문으로 설계와 건축을 맡은 곳이지요!

1360년에 완공된 산타마리아 델 피오레 성당입니다. 고딕과 르네상스 양식이 잘 조화되어 우아하고 깔끔하게 지어졌습니다.

미켈란젤로의 또 다른 조각상 〈피에타〉를 비롯해 우첼로의 프레스코화 〈존 호크우드 기마상〉 등이 있답니다.

피렌체의 상징인 두오모 성당에는,

레온 바티스타 알베르티(Leon Battista Alberti, 1404~1472)
르네상스 초기 이탈리아의 건축가, 예술 이론가, 인문주의자. 어릴 때부터 문학·음악·미술·수학·물리·체육에 이르기까지 다양한 분야에서 뛰어난 재능을 보여 천재로 불리었다. 로마의 교황청에서 일하며 고대 건축을 연구하고, 《건축론》 10권을 써 내며 건축가로서의 경험을 정리하고 미학에 대한 이론을 세웠다. 옛 건축을 연구한 그의 이론은 이후에 나타난 바로크 건축에 큰 영향을 주었다.

*르네상스(Renaissance)

중세 유럽은 약 600년 이상 이어지면서 신이 중심인 사회였다. 사람의 개성과 창의성은 자유롭게 표현될 수 없었다. 그러나 단테를 시작으로 페트라르카, 보카치오 등 이탈리아의 문학가들이 그리스·로마의 고전 문화에서 휴머니즘을 발견하여 다시 인간이 가지고 태어난 개성과 자유를 존중해야 한다고 주장하였다. 이러한 사상은 이탈리아 사회의 여러 분야에 큰 영향을 미쳤는데 가장 두드러진 것이 미술 분야였다. 미술에서 예술가들은 인간의 얼굴 표정과 육체의 아름다움을 표현하고 자연을 연구하여 그 모습을 정확히 그려 냈다. 이러한 휴머니즘 사상은 독일과 네덜란드, 영국, 프랑스로 퍼져 나가 발전하였고, 다른 분야에도 퍼져 1700년대에는 몽테스키외, 루소, 괴테, 1800년대에는 니체, 톨스토이 등 많은 철학자와 문학가들이 그 사상을 이었다.

르네상스의 대표적 조각가 기베르티의 〈천국의 문〉

또한 르네상스 시대에는 레오나르도 다빈치와 같이 여러 분야에서 창의력을 발휘하는 다재다능한 사람들이 나타났으며, 여러 분야를 합쳐 새로운 창의력을 보이는 사람들이 많이 등장했다. 이런 신과 같은 능력을 보인 사람들을 당시 이탈리아에서는 만능인(Uomo universale)이라고 불렀다. 오늘날에도 우리는 여러 부분에서 뛰어난 능력을 보이는 사람을 흔히 르네상스 인(Renaissance man)이라고 부른다.

사진: http://mdshotoftheday.blogspot.kr/2010/10/renaissance-started-here.html

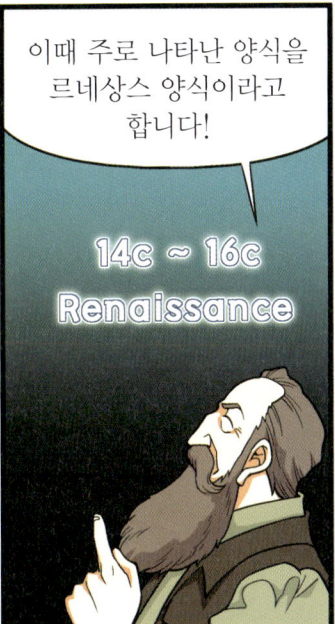

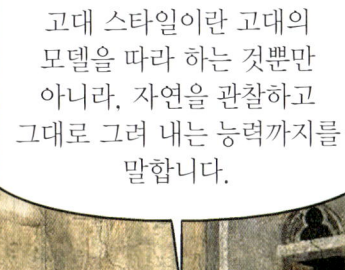

조토 디 본토네(Giotto di Bondone, 1266?~1337)
이탈리아의 화가. 르네상스의 선구자이자 서양 회화 예술의 아버지라고도 불린다. 자연을 관찰하여 유사하게 그려 내는 새로운 양식을 보여 주었다. 과학을 바탕에 둔 르네상스 미술이라는 새 시대의 발판을 마련했으며, 유럽 회화의 흐름을 중세에서 르네상스로 바꿔 놓은 혁신의 주인공으로 평가받는다.

되짚어 보고 생각해 보고

기억해 봅시다

1. 백부 살베스트로의 유지를 이어 조반니 디 비치 데 메디치가 세운 메디치가 전통의 기본은?
   ① 전쟁은 최대한 피해야 한다.
   ② 무엇을 하든 가장 뛰어야 한다.
   ③ 어려운 사람의 곁에서 떨어져야 한다.
   ④ 명예롭지 않아도 돈을 많이 벌면 된다.
   ⑤ 은행을 경영하면서 혹독하게 직원들을 다루어야 한다.

2. '위대한 로렌초'로 불렸던 로렌초 데 메디치가 한 일은?
   ① 피렌체에 플라톤 아카데미를 설립하였다.
   ② 교황이 되어 미켈란젤로가 메디치 도서관을 설계하도록 후원하였다.
   ③ 수학과 기하학을 중요시한 레오나르도 다빈치의 작품 활동을 직접 후원하였다.
   ④ 뛰어난 외교 수완을 발휘해 로마교황 및 나폴리 왕과의 전쟁을 막았다.
   ⑤ 이탈리아 최초이자 유럽 최초의 공공 도서관을 지었다.

3. 조반니 디 비치 데 메디치가 아들 코시모한테 당부한 이야기가 아닌 것은?
   ① 명성을 얻으려면 재산보다 피렌체 시민들을 보호해라.
   ② 가문의 명성이 높아질수록 고개를 더 숙여야 한다.
   ③ 항상 검소하고 서민들과 가깝게 지내라.
   ④ 가난하고 힘없는 자에게 자비를 베풀어라.
   ⑤ 대중을 이끌려면 잘나고 강해야 한다.

4. 코시모가 남긴 메디치가의 교훈이 아닌 것은?
   ① 한번 맺은 신의는 버리지 말아라.
   ② 어려운 일이 생기면 정면 돌파의 모범을 보여라.
   ③ 교황을 항상 도와주어라.
   ④ 노새를 타고 다니던 코시모를 기억해라.
   ⑤ 어떤 일을 하려면 인내하고 때를 기다려라.

정답 1.① 2.④ 3.⑤ 4.③

생각해 봅시다

1. 문장은 가문의 전통을 나타내기 위해 깃발이나 방패 등에 새긴 그림입니다. 문장에는 가문을 상징하는 꽃, 창, 칼, 동물 등이 다양하게 새겨져 있습니다. 여러분이 가족을 대표하는 문장을 만든다면 어떤 의미를 가지는 그림을 넣을지 생각해 보고 이야기해 봅시다.

2. 메디치 가문의 시대와 현재는 환경이나 문화가 많이 다릅니다. 여러분이 메디치 가문에 태어났다면 사회를 위해 어떤 일을 하고 싶은지 생각해 봅시다.

3. 메디치 가문은 왜 다른 일보다 예술을 후원하는 일에 특히 더 힘을 쏟았을까요? 그 이유를 생각해 봅시다.

4. 피렌체의 문화 예술을 꽃피운 르네상스 시대의 인물에는 누가 있었는지 이야기해 봅시다. 그들이 어떤 작품들을 만들었는지에 대해서도 이야기해 봅시다.

대한민국의 르네상스, 한류!

르네상스 시대를 열어 전 세계에 가문의 이름을 드높인 메디치가의 이야기처럼 문화와 예술의 발전은 세계에 우리나라를 알릴 수 있는 좋은 방법이다. 경제 발전과 더불어 문화적으로도 성장하면서, 우리나라의 드라마, 영화, 음악, 게임 등이 전 세계로 수출되고 있다. 이렇게 한국의 문화가 해외에서 인기리에 소비되는 현상을 '한류'라고 부른다. 한류의 열기가 식지 않고 지속되면서 대중문화뿐만 아니라 음식, 패션, 가전제품 등 한국 관련 제품을 선호하는 현상까지 나타났는데, 포괄적인 의미에서는 이러한 현상들을 모두 한류라고 한다. 문화를 수출하는 것은 그저 상품을 팔아서 돈을 버는 것 이상의 의미를 가진다. 자연스럽게 대한민국을 전 세계에 널리 알리고, 우리의 목소리를 낼 수 있기 때문이다. 그렇다면 이제 한류를 이끈 주역들을 만나보자.

피겨 스케이팅 역사를 다시 쓴 피겨 여왕 김연아

2010 밴쿠버 동계올림픽 피겨 스케이팅 여자 싱글 금메달리스트이자 2014 소치 동계올림픽 피겨 스케이팅 여자 싱글 은메달리스트이다. 김연아는 여자 싱글 선수 최초로 4대 메이저 대회인 올림픽, 세계선수권, 사대륙선수권, 그랑프리 파이널을 모두 제패하였다. 세계신기록만 11회를 세우면서 여성 선수 최초로 200점을 돌파했고 경쟁 선수들을 압도적인 점수 차이로 따돌리기도 했다. 선수 시절에는 미셸 콴, 카타리나 비트 등 전설적인 선수들과 비견되어 피겨 여왕(Queen Yu-Na)이라는 수식어가 붙을 만큼 독보적이었다.

김연아가 등장하기 전에 한국에서 피겨는 생소한 종목이었다. 국제무대에서도 전통적으로 뛰어난 선수들을 배출했던 유럽이나 미국, 신흥강자로 떠오르고 있던 일본과 달리 한국은 올림픽 출전권만 겨우 얻는 정도였다. 정부차원의 지원도, 국민적 관

피겨 여왕 김연아

심도 없어서 국내 후원이나 투자도 거의 이루어지지 않았다. 김연아가 없었더라면 한국은 지금까지도 피겨 스케이팅 불모지로 남았을 것이다.

칸 영화제 황금종려상 수상작 〈기생충〉의 감독 봉준호

중·고등학생 시절부터 영화감독을 꿈꾸며 자랐고, 연세대에서 영화 제작을 위해 직접 영화 동아리 '노란문'을 만들었다. 대학 재학 중에 단편영화 〈백색인〉 연출한 것을 시작으로 충무로에서 경력을 쌓았다. 첫 장편영화 〈플란다스의 개〉가 홍콩영화제 국제영화비평가연맹상, 뮌헨영화제 신인감독상 등을 받으며 재능을 인정받았지만 흥행에는 실패했다. 그 후 화성연쇄살인사건을 모티프로 한 〈살인의 추억〉으로 대중에게 널리 알려졌으며, 한강에 괴물이 나타나면서 벌어지는 사건을 그린 〈괴물〉로 '천만 감독'이라는 타이틀을 거머쥐게 된다. 한국영화가 100주년을 맞이한 2019년 〈기생충〉으로 제72회 칸 영화제 최고상인 황금종려상을 수상하며 세계적인 감독으로 발돋움 했다.

〈기생충〉의 감독 봉준호

천상의 목소리를 가진 세계적인 소프라노 성악가 조수미

소프라노 성악가 조수미

글보다 피아노를 먼저 배웠을 정도로 어린 나이에 음악을 시작하여, 서울대학교 성악과 사상 최고 실기 점수로 수석 입학했다. 이탈리아로 유학을 떠난 후에는 의식주를 해결할 돈이 부족할 정도로 힘든 시간을 보냈지만 음악을 포기하지 않고 로마의 산타 체칠리아 음악원의 5년제 과정을 2년만에 졸업했다. 오페라 〈리골레토〉의 '질다'역으로 데뷔한 이후 세계 5대 오페라 극장을 섭렵하면서 다양한 역할을 맡았으며, 1993년에는 〈그림자 없는 여인〉이 그래미상 클래식 오페라 부문 최고 음반에 선정되었다. 거장 지휘자 헤르베르트 폰 카라얀은 조수미를 '신이 내린 목소리'라고 극찬하기도 했다. 1993년 이탈리아 최고 소프라노에게만 준다는 황금기러기상을 수상했고, 2008년에는 이탈리아인이 아닌 사람으로서는 처음으로 국제 푸치니상을 수상했다. 2019년에는 이탈리아 정부로부터 기사급 친선 훈장인 '오르디네 델라 스텔라 디 이탈리아'를 받으며 세계적인 성악가로서 한국과 이탈리아 간 예술적 교류에 이바지한 공로를 인정받았다.

한국어 노래로 세계를 감동시킨 글로벌 아이돌 BTS

미국의 음악잡지 빌보드에서 시작한 빌보드 차트는 대중음악의 각종 장르를 세분화하여 매주 순위를 발표하는데, 앨범의 판매량과 방송 횟수 등을 종합한 공신력 있는 지표이다. 2013년 데뷔한 아이돌그룹 방탄소년단(BTS)이 〈러브 유어셀프 전 티어(LOVE YOURSELF 轉 'Tear')〉로 한국 가수로서는 처음으로 빌보드 200에서 1위를 차지한 데 이어 〈러브 유어셀프 결 앤서(LOVE YOURSELF 結 'Answer')〉와 〈맵 오브 더 솔: 페르소나(Map of the soul: Persona)〉로 또다시 '빌보드 200' 1위를 기록하였다. 무엇보다 영어가 아닌 외국어 앨범이 빌보드 200 차트에서 1위를 차지한 것은 2006년 영국 팝페라그룹 '일 디보'가 스페인어·이탈리아어 등으로 부른 앨범 〈앙코라〉 이후 12년

글로벌 아이돌 BTS

만이었고, 팝 장르에서 한 해 동안 앨범 2장이 1위에 오른 것은 2014년 영국 보이밴드 '원 디렉션' 이후 4년 만의 기록이다.

　미국은 물론 전 세계에서 인종과 국적을 초월한 인기를 누리고 있는 방탄소년단은 미국 뉴욕의 유엔본부 신탁통치이사회 회의장에서 열린 유니세프의 청년 아젠다 '제너레이션 언리미티드(Generation Unlimited)' 행사에 초청을 받았다. 리더 RM은 자신의 유년시절에 대한 이야기로 시작하여 스스로의 이야기에 귀를 기울이고, 자신의 목소리를 찾으라는 주제로 감동적인 연설을 했다. 방탄소년단의 연설은 미국 abc방송에 의해 생중계되었고, 이를 계기로 '차세대 리더'라는 제목으로 타임지 표지를 장식하기도 했다.